"最美奋斗者" 爱国主义教育系列

沙漠赤子

"最美奋斗者"丛书编委会 主编

海豚出版社
DOLPHIN BOOKS
CICG 中国国际传播集团

图书在版编目（CIP）数据

沙漠赤子 / "最美奋斗者"丛书编委会主编 .
北京 : 海豚出版社，2025.4. --（"最美奋斗者"爱国
主义教育系列）. -- ISBN 978-7-5110-7275-7

Ⅰ . K826.1-49

中国国家版本馆 CIP 数据核字第 2025TG3467 号

沙漠赤子

出版人：	王磊
主编：	"最美奋斗者"丛书编委会
项目统筹：	孟科瑜
责任编辑：	孟科瑜　许海杰　胡瑞芯
封面设计：	赵志宏
责任印制：	于浩杰　蔡丽
法律顾问：	北京市君泽君律师事务所　马慧娟　刘爱珍
出版：	海豚出版社
地址：	北京市西城区百万庄大街 24 号
邮编：	100037
电话：	010-68996147（总编室）　010-68325006（销售）
传真：	010-68996147
印刷：	三河祥达印刷包装有限公司
开本：	16 开（710mm×1000mm）
印张：	6
字数：	45 千
版次：	2025 年 4 月第 1 版　2025 年 4 月第 1 次印刷
标准书号：	ISBN 978-7-5110-7275-7
定价：	29.80 元

目录

谷文昌的故事

岩颜／著　　冉少丹／绘

福建有一个小岛，名叫东山岛。风一吹，连绵起伏的树林像绿色的飘带，美丽极了。岛上有一个特别的习俗——先祭谷公，后祭祖宗。"谷公"就是谷文昌。

　　谷文昌小时候家里很贫寒，十五岁的时候，他跟村里的石匠学打石头。师傅告诉他，做人要像泰山石那样敢担当，谷文昌记住了。从此，无论走到哪里，他都坚强勇敢，勇于承担。

那时候的东山，一年有一半时间在刮风沙。地里长不出粮食，老百姓吃不饱，很多人生了眼病，好可怜呀！

有一年，谷文昌路过一个破雨亭，迎面走来一群穿着破衣裳的村民。老阿婆告诉谷文昌，分的地被沙埋掉了，他们是要出去讨饭的。这时的谷文昌已经长大，当上了东山县县长。

谷文昌眼含着热泪，对逃荒的村民说："乡亲们，我是县长谷文昌，我对不起你们啊！我们一定想办法把风沙治住，日子会好起来的！"

12

乡亲们回去了，谷文昌登上山峰向远处眺望：整个东山岛就像一只展翅的蝴蝶，停在海面上。但因为缺少植被，这只蝴蝶成了一只沙蝴蝶。真是太让人难过了！

　　春节刚过，东山的百姓就看见谷书记带领家里人种树：爸爸挖树坑，妈妈提土，姐姐和最小的弟弟负责运粪。可是，一家人种的树很快就死光了。

　　谷文昌治沙的决心没有死，他率领林业人员探风口，查沙丘。粗暴的风沙打在脸上，扑进眼睛，灌进耳朵，每个人的脸上都留下无数的红印。

他们像英勇的战士，冷了，就扎紧腰间的绳子；渴了，就抿一口水壶里的水；饿了，就啃一口硬邦邦的馒头。有时候嘴一张，馒头还没塞进去，狂风夹带的风沙就先灌进嘴里。

　　对了，他们每人还有个必备"三件套"：一条当尺子用的牛绳，一根当手杖用的竹竿，一面联络信号用的小红旗。天啊！这算什么探测装备啊！

　　有一次，谷文昌从一个高高的沙丘上跌落下来，帽子滚丢了，水壶打在头上。他不顾劝阻，揉揉被打疼的额头，又爬了上去。

　　摸清了"敌情"后，他们连出四招：筑堤拦沙，搬土压沙，种草固沙，造林防沙。可惜，这些方法还是降不住"沙魔"，新种的树也死了。

谷文昌急得胃病和肺病一起发作，不停地咳嗽，家里人劝他休息，别那么拼了。

谷文昌却坚定地说："愚公带着子子孙孙移走了两座大山，我就是当今的'愚公'。我要移掉东山风沙灾害这座大山，这就是对人民负责。"

谷文昌打听到木麻黄适合在这里生长，于是连夜派人从外地引进木麻黄树苗。

他抱着一捆树苗，高兴极了，就像抱住失散多年的孩子。

　　带着春天的希望，木麻黄在春风中落户了。可是一股寒流来袭，木麻黄全都冻死了。唉，难道东山真的不适合种树吗？

　　谷文昌流泪了，东山县的百姓也流泪了。就在这时，有人发现了三棵成活的木麻黄。

　　三棵小树就是三颗定心丸。后来，他们分成组，每隔十天种一次，观察哪个时段成活率最高，结果他们发现：清明前后下雨时种树最好。

　　学生们也在谷文昌的带领下学会了种树和养护树木。木麻黄活了，长大了，慢慢抽出新叶，挺直腰杆。

谷文昌在东山工作十四年，树木长成了树林。人们在林间散步，沙蝴蝶变成了绿蝴蝶，东山人过上了幸福的生活。他们说，这位治服沙魔的"愚公"，一生舍不得用一块像样的木材，现在他却拥有了整片森林。

　　老百姓给谷文昌立了塑像。许许多多的人来了，他们站立在这位县委书记的塑像前，表达无限敬意。

也有的人走向一块荒地，种上一棵树苗。

其实，东山以外的地方，谷文昌的故事还有很多很多。比如，他发动红旗大队的社员搞生产，水稻亩产上千斤，人们脸上乐开了花，亲切地称他为"谷满仓"。

还有，他带领四千多百姓兴建的隆陂水库，结束了当地缺水缺电的时代。如今，隆陂水库在防洪、抗旱、发电等方面仍在发挥重大的作用。

虽然谷文昌爷爷已经离我们而去，但他让我们明白：一心向着目标前进的人，整个世界都会为他让路。

河北塞罕坝林场
先进群体的故事

陈婵娟／著　　小幸福工作室／绘

我是一棵年长的落叶松。在这塞罕坝林场，我可是资格最老的。又有一批小树苗在这里安家了，我老人家必须得给这些娃儿讲讲这林场的故事了。

　　那时候，我也是一棵小树苗，一批年轻人带着我和我的同伴们爬上了光秃秃的塞罕坝。我被放到了冷冰冰的土坑里，不禁担心自己在这里会被冻死、饿死。

那些年轻人也真可怜，缺衣少食的，住的地方也漏风漏雨，真不知道他们为啥要来吃这种苦。

我和我的同伴们被种了下去。他们看着我们，嘴角含笑，有个头发像鸟窝的家伙还冲着我们念起了酸诗。

然而现实是残酷的。他们应该是第一次种树，没啥经验，我的同伴活下来的很少。那些人不笑了，瞅着我们直发愣。

　　那个鸟窝头摸着我们这些幸存者，对他的同伴们说："我们绝不能放弃！"我也在默默祈祷，希望有更多小伙伴来，这个鬼地方实在太冷清了。

他们果然不是随便说说的，我看着他们经常从天光破晓忙到月上中天。

在他们坚持不懈的努力下，越来越多我的同伴活了下来。我们开心，他们也很开心。

44

有一天，我的好兄弟告诉我，他们要在马蹄坑打一仗，把我吓了一跳。看着他们分成四队，顶着寒风，浩浩荡荡地走了，我急得差点儿跳出坑来。

　　还好这只是虚惊一场。原来他们说的打仗就是大干两天两夜，让更多我的同伴在这里安家。

　　他们激动不安地祈祷着，我们也眼巴巴地盼着。

　　二十天后，那些新来的孩子成活了，他们抱在一起又哭又笑。啧啧，真不稳重。

我的同伴越来越多，大家抱团取暖聊天，有时还有小鸟来逛，我们的日子好过多了。

　　然而，天有不测风云，突然一场雨凇降临，差点儿没把我老人家冻死。看着同伴们被裹在冰凌里失去生机，我伤心欲绝。

小贴士：
【雨凇】俗称"冰挂"，也叫冰凌、树凝，是由于降水碰到温度低于零摄氏度的地表或地面物体时形成的冰层。

那一年，我记忆犹新。他们冲上山救灾，抱着我的同伴们大哭，有的人还不小心滚下山摔断了腿……

　　几年后，受完冻的我们又受了旱。我的老朋友，还有一些才来不久的小树娃都干渴而死，十分凄惨。我们为失去同伴难过，那些人也跪在地上失声痛哭。

他们哭过以后又抹干眼泪，清理掉我的同伴们的残躯，继续为我们林场添加新成员。

他们用粗糙的大手轻轻地抚摸着小家伙们的头，嘴里念念有词："你们可一定要好好长大啊！"这场景就和我刚来那会儿一样，我老人家不禁心里一酸。

　　这些人为了栽培我们付出多少心血，我是最清楚的。

　　有个大妹子因为"不顾家"，和家人吵了起来。哭过后，她又精神抖擞地上山干活了。

有对小夫妻在瞭望台驻守了十二年，条件太苦，娃儿养到五岁还只会喊爸妈。

有些毛头小伙跑到这里来吃粗粮、咽雪
水、住窝棚，一到冬天就全身长冻疮，却还
是咬着牙坚持。

有时我很想抱抱他们，感谢他们，但我能做的就只有随风抖抖枝叶罢了。

听说其他地方有很多像我们这样的人工林场
供人参观，但为了保护我们，塞罕坝的人只让很
少的游客进来，宁愿不挣钱。

现在，我们塞罕坝林场已经是世界上最大的人工林场，我感到很自豪。

我和我的同伴们一起在首都的北部筑起了一道绿色的屏障，挡住了从浑善达克沙地南下的黄沙。

除此之外，我们还涵养了大量水源，为临近的城市输送清水，解决了人们用水的问题。

他们也加入了很多新成员，向最后一片石质荒山发起攻势。我们这个群体更壮大了。

新来的小家伙们不厌其烦地缠着我讲故事，还好故事够多。塞罕坝的英雄，塞罕坝的传奇，哪是几天几夜能讲完的呢！

八步沙林场"六老汉"
三代人治沙造林
先进群体的故事

王也丹／著　　冉少丹／绘

　　我叫郭玺，家在腾格里沙漠南端的甘肃省古浪县。从前，那里寸草不生，一年四季风沙漫天。爷爷说，他们那一辈人是吃着风沙长大的。

　　那时的风沙肆虐，仿佛长了脚，每年都向村庄逼近。有时一夜北风，沙子便会摧毁庄稼、埋掉院墙。许多人家忍受不了这种困苦，都陆续搬走了。

那一年，我爷爷郭朝明六十一岁，他和贺发林、石满、罗元奎、程海、张润元几位爷爷，不甘心自己的家园就这样被黄沙吞没，为了保护家园，他们下定决心治沙。

他们赶着毛驴，驮着树苗，走进一望无际的八步沙。八步沙是古浪县最大的风沙口，黄沙就是从这里涌向村庄的。

　　茫茫沙漠中，他们挖坑，铺草，支起地窝棚，垒起锅灶。而干馍馍就凉水常常是他们的一日三餐。

　　他们挥汗如雨，把树苗一棵一棵地栽下去，仅第一年就栽了一万亩。看着这一片片树苗，他们好高兴。

　　然而，风沙再次袭来，树苗被刮走了一大半。爷爷们心疼极了。

　　剩下的树苗为什么没被刮走？爷爷跑到树苗旁仔细观察。啊，原来这些树苗旁都有草墩，是草墩固定住了沙子，保护住了树苗！

这个发现让爷爷们激动不已。他们拉来麦草，埋在树坑周围，把沙子固定住。树苗有了麦草做"铠甲"，再也不会被风刮跑了。

　　天气炎热，他们从很远的地方挑来水，不能让辛辛苦苦种下的树苗渴死呀。

　　下雨了，他们赶紧栽树。这个地方常年干旱少雨，这点雨可珍贵呢。

就这样，从春到夏，从秋到冬。十几年过去了，爷爷们在八步沙栽了一千多万棵树，在家园与沙漠之间筑起了一道绿色的长廊。

八步沙绿了，爷爷们却老了。他们约定，谁要是干不动了，就要找自家的一个后人来接班，一定要治服"沙魔"。

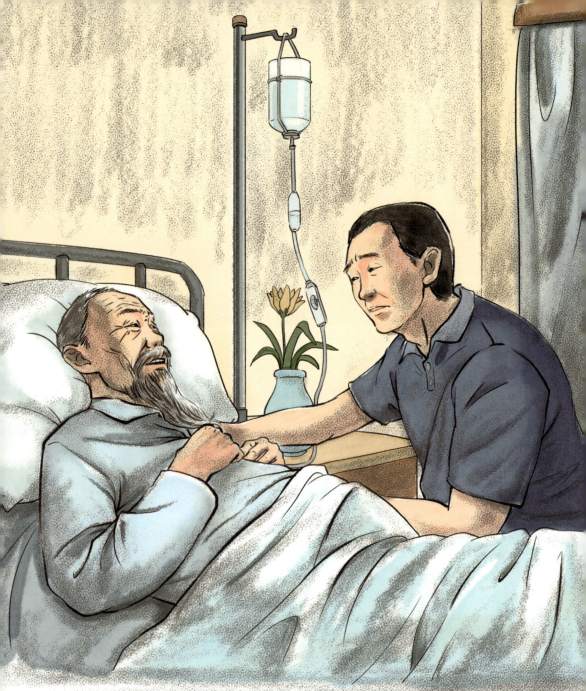

　　爷爷也病倒了，他对我的叔叔郭万刚说："我走了以后，你们一定要把八步沙管好！"叔叔坚定地点点头。

叔叔郭万刚辞掉了县城供销社的工作，回来接替爷爷治沙。

　　贺发林爷爷的儿子贺中强叔叔、石满爷爷的儿子石银山叔叔、罗元奎爷爷的儿子罗兴全叔叔、程海爷爷的儿子程生学叔叔、张润元爷爷的女婿王志鹏叔叔，也陆续回到八步沙，扛起了铁锹。

没钱买树苗，怎么办？借钱！

没有水，怎么办？打井！

有爷爷们做榜样，再大的困难也难不倒叔叔们！

身后是家园，是爷爷们种下的几万亩树，眼前是望不到边的茫茫荒漠。叔叔们决心向北挺进，不治服"沙魔"绝不罢休。

那天，他们正在植树，风沙突然袭来，
瞬间昏天黑地，叔叔们赶紧跳进沙坑躲避。
风沙过后，他们都成了土人。

　　叔叔们用沙子压住麦草，把麦草连成一个一个的网格。有了这样的网格，栽下去的树苗再也不怕风沙了。

89

风霜雨雪，又一个十几年过去了。叔叔们的脸上有了很深的皱纹，他们克服了各种困难，让八步沙附近二十多万亩的沙丘披上了绿装。

"沙魔"向后退去，风沙再也不能轻易地侵犯我们的家园了。

　　如今，我长大了，也来到了八步沙林场，和我一起来的还有好几位同龄的大学生。

　　我经常利用网络直播，让大家观看我们的治沙新方法，观看我们在林中养的溜达鸡、种的中药材……

　　我的家乡由昔日的黄沙漫漫，变成了今天的沙海绿洲。村民的日子越来越好，许多人重返家园。

大家称赞爷爷、叔叔和我们是三代"愚公"，治服了"沙魔"，我很自豪。我们会继续向沙漠深处进军，让荒漠变花海，到那时，欢迎你来看看呀。

"最美奋斗者"人物简介

谷文昌，男，汉族，中共党员，1915年10月生，河南林州人，生前系福建省东山县县委书记。他在东山县工作的十四年间，带领群众与风灾、旱灾抗争，植树造林，兴修水利，改善交通，发展生产，把一个风沙肆虐的荒岛变成生机盎然的东海绿洲，为经济建设和社会发展奠定

了坚实的基础，赢得了东山十万民心。"文革"期间，被下放到宁化县禾口公社红旗大队，带领当地百姓兴建隆陂水库、改良土壤，实现水稻亩产上千斤，被誉为"县委书记的好榜样"。2009年当选"100位新中国成立以来感动中国人物"。

塞罕坝林场位于河北省最北部，内蒙古高原南缘和浑善达克沙地的最前沿。自1962年2月建场以来，河北塞罕坝林场的建设者们听从党的召唤，在"黄沙遮天日，飞鸟无栖树"的荒漠沙地上艰苦奋斗、甘于奉献，成功培育出世界上面积最大的人工林，创造了荒原变林海的人间奇

迹，用实际行动诠释了"绿水青山就是金山银山"的理念，铸就了牢记使命、艰苦创业、绿色发展的塞罕坝精神。2017年，习近平总书记作出重要指示，褒扬塞罕坝林场是推进生态文明建设的一个生动范例。2014年荣获"时代楷模"称号，2017年获联合国环境署颁发的"地球卫士奖"。

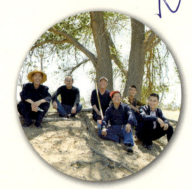

　　八步沙林场地处河西走廊东端、腾格里沙漠南缘的甘肃省古浪县。昔日这里风沙肆虐，侵蚀周围村庄和农田，严重影响群众生产生活。为保护家园，20世纪80年代初，郭朝明、贺发林、石满、罗元奎、程海、张润元六位村民，义无反顾挺进八步沙，以联产承包形式组建集体林场，承包治理7.5万亩流沙。20世纪90年代以来，贺中强、石银山、罗兴全、郭万刚、程生学、王志鹏陆续接过老汉们的铁锹，成为第二代治沙人。2017年，郭朝明的孙子郭玺加入林场，成为第三代治沙人。三十八年来，以"六老汉"为代表的八步沙林场三代职工，矢志不渝、拼搏奉献，科学治沙、绿色发展，持之以恒推进治沙造林事业，至今完成治沙造林21.7万亩，管护封沙育林草面积37.6万亩，用愚公移山精神生动书写了从"沙逼人退"到"人进沙退"的绿色篇章，为生态环境治理作出了重要贡献。